KINDER fragen nach dem LEBEN

Arbeitsheft für das 3. Schuljahr Religion

Cornelsen

Wenn ich in den Spiegel sehe …

… dann kommen viele Fragen.

Wer bin ich?

Warum bin ich so, wie ich bin?

Was ist überhaupt ein Mensch?

Schreibe weitere Fragen und deine Antworten rund um das Bild.

Ich hab im Leben viele Fragen

Text: *Michael Landgraf*
Melodie: *Reinhard Horn*

2. Weshalb gibt es so viel Leid?
Warum gibt es Krieg und Streit?
Wie können wir miteinander leben?
Uns in Frieden Hände geben?
Refrain

3. Welche Gefühle sind in mir?
Freude und Angst zeige ich hier.
Was muss ich tun, wenn ich traurig bin?
Was gibt dem Leben einen Sinn?
Refrain

4. Wie alt ist Gott, wenn es ihn gibt?
Kann es sein, dass er uns liebt?
Wann hat Gott unsre Welt gemacht?
Wie gibt er auf alles Acht?
Refrain

5. Warum bin ich auf dieser Welt?
Bin ich hier auf mich allein gestellt?
Gemeinsam lösen wir viele Fragen.
Lasst uns dies zusammen wagen.
Refrain

Unterstreiche die Fragen mit
a) einem roten Stift, die dich noch nie beschäftigt haben,
b) einem blauen Stift, die dich manchmal beschäftigen, und
c) mit einem grünen Stift, die dich oft beschäftigen.
Sprecht über eure Antworten.

Psalm 8

Was sind wir Menschen? Wozu sind wir da?
Darüber denkt ein Psalm in der Bibel nach.

Herr, wie wunderbar bist du.

Ich staune über den Himmel,
den du gemacht hast,
über den Mond und die Sterne.

Wie klein sind dagegen die Menschen!
Und doch kümmerst du dich um sie.

Es fehlt nicht viel und die Menschen
wären wie du, Gott.
Würde und Macht hast du ihnen gegeben.

Du hast den Menschen alles anvertraut.
Sie sollen aufpassen auf alle Tiere,
die auf dem Feld und im Wald leben,
in der Luft und im Wasser.

Herr, wie wunderbar bist du.

Notiere in Stichworten, was der Psalm über … sagt

Gott

____

____

____

____

____

____

____

den Menschen

____

____

____

____

____

____

____

Erspüren, dass Gott da ist

Anna war da, um mich abzuholen. Ihre roten Haare leuchteten
um die Wette mit einer giftgrünen Haarschleife.
Manchmal kam sie langsam, ernst auf mich zu
und berührte nur leicht meine Hand zum Gruß.
Manchmal raste sie wie ein Schnellzug auf mich los
und warf sich in meine geöffneten Arme.
Hand in Hand gingen wir und schwiegen,
oder es waren da die vielen Warum-, Weshalb-, Wieso-Fragen.
Wie viele Probleme gab es?
Nur die Sache mit Mister Gott war kein Problem.
Das hatte Anna längst gelöst.
Hässlichkeit war dazu geschaffen,
dass man sie in Schönheit verwandelte;
traurige Leute gehörten glücklich gemacht,
und bei alledem hatte man Mister Gott als verlässlichen Partner.
Seine Aufgabe war es, überall mitzumachen.

Fynn

Für Anna ist Gott … ______________________________ .

Was verbindest du alles mit Gott?

Male oder schreibe.

Was man tun sollte und was nicht …

Umkreise die Handlungen mit einem roten Stift, die man nicht tun sollte, und die Handlungen mit einem grünen Stift, die gut für alle wären.

Alles erlaubt?

Wähle zwei Strophen aus und schreibe zu diesen eine Regel für ein gutes Miteinander.

Text: Michael Landgraf
Melodie: Reinhard Horn

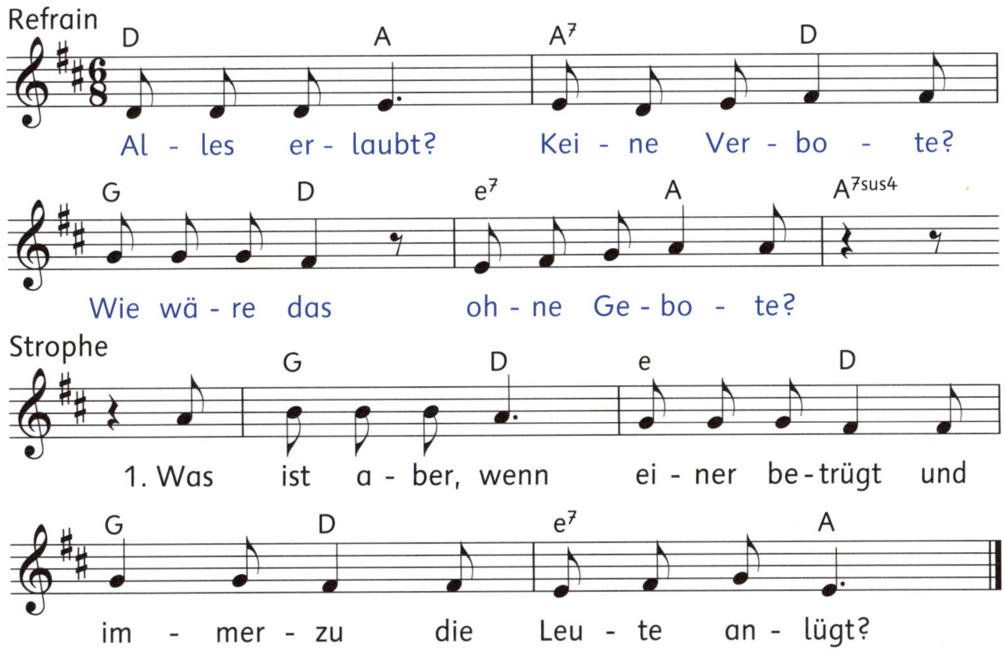

2. *Was ist aber, wenn – dir etwas gehört*
   und sich einer – gar nicht drum schert?
   Refrain
3. *Was ist aber, wenn – einer Leute haut,*
   weil er stärker – ist und sich traut?
   Refrain
4. *Was ist aber, wenn – einer zerstört,*
   was er gerade sieht – wärst du nicht empört?
   Refrain

___ *Strophe* ______________________

____

____

____

___ *Strophe* ______________________

____

____

____

Wenn es Menschen nicht gut geht …

Text: Hans-Jürgen Netz
Melodie: Reinhard Horn

Überlege, was man in der Situation tun kann …

Schreibe oder male in die Kästchen, was den Menschen helfen könnte.

Jeder kann etwas gut

Menschen haben sehr unterschiedliche Gaben und Stärken.

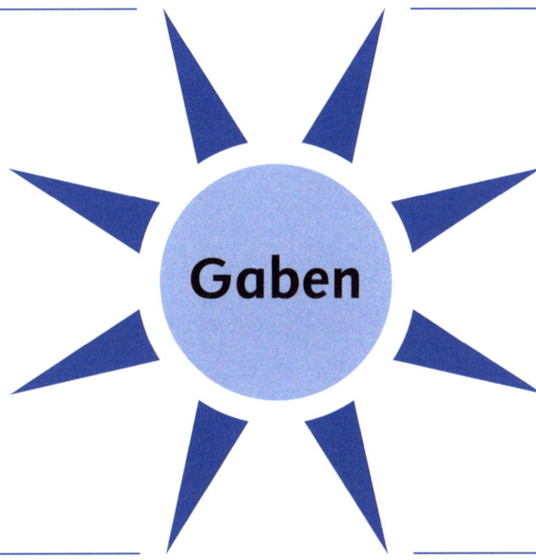

Schreibe oder male, welche unterschiedlichen Gaben das sein können. Fasse diese und andere Gaben in Sätzen zusammen.

Wenn Menschen nicht sehen oder hören können, entwickeln sie besondere Gaben.

So können Blinde lesen, und taube Menschen können verstehen, was andere sagen. Überlege, wie das geht.

Wer nicht sehen kann, kann dafür …

Wer nicht hören kann, kann dafür …

Was man gegen das Leid tun kann: Diakonie

Jeder Mensch kann sich für andere einsetzen.
Manches kann man aber nicht allein schaffen.
Daher gibt es Einrichtungen, die anderen helfen.

Erkläre, was folgende Einrichtungen für andere tun:

Telefonseelsorge

UNICEF/Asad Zaidi

UNICEF

Suche nach zwei weiteren Organisationen, die anderen helfen.

Klebe ein Bild dazu ein und erkläre, was diese Organisationen leisten.

Kinderrechte – Kinderpflichten

Schreibe auf, welche für dich die drei wichtigsten Kinderrechte sind. Schreibe auch auf, welche Pflichten Kinder übernehmen sollten.

Kinder anderswo: Schule bei Kofi

Kofi lebt in Ghana in Afrika. Er berichtet über seine Schule:
Ich bin Kofi und besuche die Grundschule, die bei uns bis zur sechsten Klasse geht. In der Schule tragen wir eine Schuluniform. Ich brauche rund eine Stunde zu Fuß und muss gegen sieben Uhr in der Schule sein, denn alle Kinder putzen den Klassenraum und den Schulhof. Dann um acht Uhr geht der Unterricht los. Er geht den ganzen Tag bis vier Uhr nachmittags. Wir sind 60 Kinder in der Klasse. Aber wir können alle so in der Bank sitzen, dass der Lehrer in Ruhe unterrichten kann. In der Schule essen wir auch und haben lange Pausen. Da spielen wir meist Fußball. Viele Kinder haben keine Schulbücher, weil die Eltern es sich nicht leisten können. Daher lernen wir viel auswendig.

	Kofi	ich
Dauer der Grundschule		
Kleidung	Schuluniform	
Schulweg		
Beginn des Unterrichts		
Tätigkeit vor Unterrichtsbeginn	Putzen des Klassenraums und Schulhofes	
Ende des Unterrichts		
Klassengröße		
Aktion in der Pause		
Mittagessen		
Schulbücher	Nicht alle Kinder haben Schulbücher.	

Ergänze die Tabelle mit Kofis und deinen Angaben.

Vergleiche danach die Einträge.

Weltreiselied: Wir sind Kinder dieser Erde

Text: Eckhard Bücken
Melodie: Reinhard Horn

Erst neun Jahre alt ist Kiko,
und er kommt aus Mosambik.
Afrika ist seine Heimat,
Tiere pflegt er mit Geschick.

Anna aus den Niederlanden
lebt am Meer, das sie sehr liebt.
Sie kann tagelang nur segeln,
auch wenn's raues Wetter gibt.

Dichte weitere Strophen, zum Beispiel zu Kindern aus Deutschland, Westafrika, Nordamerika, Australien, China …

Schneide die Bilder und die Textabschnitte zur Geschichte auf Seite 47 aus und klebe sie in der richtigen Reihenfolge in die Felder auf den Seiten 14 und 15.

Jakob und Esau

	Text 1
Bild 2	Esau kommt hungrig nach Hause. Jakob hat Linsen gekocht. Jakob sagt: „Ich gebe dir davon, wenn ich der Erbe unseres Vaters werde." Esau denkt nicht nach. Er sagt: „Einverstanden!" und verschlingt das Essen.
Bild 3	Isaak ist alt. Er will Esau seinen Segen geben. Dann ist Esau sein Erbe. Isaak wünscht sich Wild zum Essen. Esau geht jagen. Rebekka will aber, dass Jakob den Segen bekommt.
Bild 4	Rebekka macht einen Braten. Jakob soll zu Isaak gehen und sich als Esau verkleiden. Isaak kann schlecht sehen. Jakob zieht sich ein Fell über und bringt Isaak das Essen.

	Text 5
	Text 6
	Text 7
	Jakob möchte nach Hause. Doch er hat Angst vor Esau. Er schickt Esau Geschenke. Esau zieht Jakob entgegen. Die Brüder versöhnen sich.

Zwei ungleiche Brüder

Jakob und Esau sind Zwillinge.

Doch beide sind in ihrem Äußeren und ihrer Art ganz unterschiedlich.

Name:	Jakob
Statur:	schmal
Haut:	glatt
Haare:	schwarz
Alter:	jünger als sein Bruder
Beruf:	Hirte
Liebling von:	Mutter

Name:	________________
Statur:	________________
Haut:	________________
Haare:	________________
Alter:	________________
Beruf:	________________
Liebling von:	________________

Fülle den Steckbrief zu Esau aus.

Geschwister streiten und versöhnen sich

Es gibt Streit zwischen den beiden Brüdern Jakob und Esau.

Worum geht es?

Worüber gibt es bei euch Streit?
Sammelt Beispiele zu Streit …

… unter Geschwistern.

… unter Freunden.

… in der Klasse.

Nenne Gründe, die zum Streit führen können.

Versöhnungs-Abc

Was kann man alles zur Versöhnung tun?

A *nnehmen*

B *edauern*

D *uldsam sein*

E

F

G *utmütig sein*

H *and reichen*

I *rrtümer nachsehen*

J *a sagen*

K *ompromiss finden*

L *ösungen suchen*

M *itfühlen*

N

O *ffen sein*

P *ositiv denken*

R

S *elbstbeherrschung zeigen*

T *olerant sein*

U

V

W *ohlwollen zeigen*

Z *urechtrücken*

Finde Wörter für die Buchstaben des Versöhnungs-Abc, die noch nicht gefüllt sind.

Gesegnet sein

Jakob bekommt den Segen Gottes.
Er erfährt: Gott hält zu mir.
Er lässt mich nicht allein.

Gott hat einst Jakobs Großvater
Abraham den Segen gegeben.
Gott sagte: „Du wirst viele Nachkommen haben.
Dir wird das Land Israel gehören. Ich werde immer bei dir sein."

Auch heute wird der Segen Gottes weitergegeben:

- am Ende eines Gottesdienstes
- bei einer Taufe
- bei einer Hochzeit

Dann sagt der Pfarrer oder die Pfarrerin:
„Der Herr segne dich und behüte dich;
der Herr lasse sein Angesicht leuchten über dir und sei dir gnädig;
der Herr hebe sein Angesicht über dich und gebe dir Frieden."

(4. Mose 6,24)

Formuliere eigene Segenswünsche.

Die Bibel

Die Bibel ist das heilige Buch der Christen.
Darin stehen Geschichten, die von Gott und Jesus erzählen.
In der Bibel gibt es 66 Bücher. Sie hat zwei Teile.

Das Alte und das Neue T____________________

Im Alten Testament stehen die Geschichten

von __________________, Jakob, Mose, König David

und den Propheten.

Es stehen dort auch Gebete und Lieder, die __________________.

Das Alte Testament wurde in hebräischer Sprache geschrieben.

Im _______________ Testament wird von _______________ erzählt.

Nach seinem Tod wurden die Geschichten über ihn gesammelt.

Sie stehen in der Bibel in folgenden vier Büchern:

Matthäus – M__________________ – Lukas – J__________________.

Die vier Bücher über Jesus nennt man E____________________.

Das bedeutet „gute B____________________".

Das Neue Testament der Bibel wurde in g____________________

Sprache geschrieben.

Lösungswörter: Markus – griechischer – Psalmen – Evangelien –
Johannes – Neuen – Abraham – Testament – Jesus – Botschaft

Fülle die Lücken mit den Lösungswörtern aus.

Die Geschichte von David

Schneide die Bilder auf Seite 49 aus und klebe sie in der richtigen Reihenfolge auf die Dominosteine.

Die Geschichte von David	David ist ein junger Hirte. Der weise Samuel kommt zu seiner Familie. Er sagt: „David wird einmal König von Israel sein. Das hat Gott mir gesagt." Er salbt David wie einen König.
	Das Land Israel wird von seinen Feinden bedroht, den Philistern. In ihrer Mitte ist Goliat, ein Riese. Alle haben Angst vor ihm.
	Goliat ruft: „Wer will mit mir kämpfen?" Doch keiner traut sich. Nur der kleine David ist mutig und geht nach vorn.
	Der Riese lacht ihn aus. David spürt, dass Gott ihm hilft. Er holt seine Schleuder und wirft einen Stein.
	Goliat ist getroffen und fällt um. David hat ihn besiegt und die Philister laufen davon. Die Israeliten jubeln.
	David darf am Hof des Königs leben. Weil König Saul traurig ist, muss David auf der Harfe spielen.

Die Geschichte von David

Schneide die Bilder auf Seite 49 aus und klebe sie in der richtigen Reihenfolge auf die Dominosteine.

	Viele mögen David. Da ist der König eifersüchtig auf ihn. Er wirft sogar einen Speer nach David.
	Davids bester Freund ist Jonatan, Sauls Sohn. Er erfährt, dass Saul David umbringen will. Er warnt ihn und David kann fliehen.
	Saul verfolgt David. Er muss sich in der Wüste verstecken. Dort lebt er lange Zeit. Aber er hat Freunde bei sich.
	König Saul und seine Söhne sterben im Kampf gegen die Philister. Die Israeliten wählen David zu ihrem neuen König. David besiegt die Feinde Israels.
	David macht Jerusalem zur Hauptstadt. Die Menschen sind froh und sagen: „David ist ein guter König." Sie hoffen, dass es immer so gut sein wird wie jetzt.
	David dichtet Psalmen. Das sind Lieder und Gebete. Sein Sohn Salomon baut den Tempel in Jerusalem. An einer alten Mauer des Tempels beten Juden noch heute. **Ende**

Worauf Menschen in Israel hoffen

Gestalte zwei Bilder zu den Worten Jesajas.

Jesus lebt vor 2000 Jahren im Land Israel. Den Menschen in Israel geht es nicht gut. Das Land wird von den Römern beherrscht. Sie unterdrücken die Leute und verlangen viel Steuern. Jeder muss schwer arbeiten. Und es gibt Armut und Hunger.

Die Menschen erinnern sich daran, was der Prophet Jesaja geschrieben hat:

Das Volk, das im Dunkeln lebt,
sieht ein großes Licht.
Für alle, die keine Hoffnung haben,
leuchtet ein Licht auf.
Herr, du schenkst den Menschen
große Freude. Du befreist sie.
Denn ein Kind ist geboren, der
zukünftige König ist uns geschenkt.
Er sitzt auf dem Thron Davids.
Er regiert als gerechter Herrscher
von nun an und für immer.

Ein grüner Zweig wächst aus
einem Baumstumpf.
Eines Tages wird es einen neuen
König aus Davids Familie geben.
Ihn wird Gott mit seinem Geist
erfüllen. Ihm wird er seine Weisheit
und Stärke schenken. Er hilft den
Armen und überall wird Frieden
herrschen.
Wölfe werden mit Lämmern zusammenwohnen, und die Löwen
werden Gras fressen wie die Rinder.
Wie das Meer voll Wasser ist, so
viele Menschen gibt es, die auf
Gott hören.

Jesus wird getauft

Johannes lebt am Fluss Jordan.
Er hat Kleider aus Kamelhaaren an.
Er isst nur Heuschrecken und wilden Honig.
Viele Leute kommen zu ihm. Johannes sagt zu ihnen:
„Gott wird euch eure Schuld vergeben. Tut Buße.
Bald kommt Gottes Reich, die neue Welt Gottes.
Lasst euch im Fluss Jordan taufen."

Auch Jesus kommt zum Fluss Jordan.
Er lässt sich von Johannes taufen.
Da kommt eine Taube vom Himmel.
Dies zeigt: Gott ist bei Jesus.

Heute werden die Menschen in der Kirche
an einem Taufbecken oder einer Taufschüssel
getauft. Diese sehen ganz unterschiedlich aus.

Gestalte das Taufbecken so, wie es dir gefallen würde. Vielleicht verwendest du zur Gestaltung etwas aus der Geschichte Jesu.

Wunder-Geschichten

Über Jesus werden Geschichten erzählt.
In vielen geschieht „Wunderbares“.
Menschen wundern sich, wenn sie Jesus begegnen.

Schreibe auf, worüber du
dich wundern würdest:

Ich wundere mich …

Ein Mann kommt zu Jesus.
Er hat eine ansteckende Hautkrankheit, Aussatz genannt.
Er musste sein Dorf verlassen. Nicht einmal seine Familie
darf ihm nahe kommen.
Der Mann sagt zu Jesus: „Wenn du willst, werde ich wieder gesund.“
Jesus berührt ihn und sagt: „Werde gesund!“
Da ist der Mann gesund und freut sich sehr.
Jesus schickt ihn zu einem Priester.
Der soll bestätigen, dass der Kranke wieder gesund ist.
Nun kann der Mann wieder nach Hause.
Er freut sich sehr, denn er ist wieder bei seiner Familie.

Gib der Geschichte eine Überschrift und fasse zusammen, was sich im Leben des Mannes am Ende der Geschichte ändert.

Die Wunder-Geschichten zeigen,
dass sich das Leben von Menschen verändert.

Hungrige werden satt

5000 Menschen hören Jesus zu. Am Abend haben alle Hunger.
Jesus sagt zu seinen Jüngern: „Gebt den Menschen zu essen."
Es sind aber nur fünf Brote und zwei Fische da.
Jesus nimmt die Brote und die Fische und dankt Gott dafür.
Dann sagt er zu seinen Jüngern: „Gebt allen davon."
Die Jünger teilen das Essen aus.
Alle werden satt und es bleibt sogar noch etwas übrig.

Menschen können **Hunger** haben nach …	Was Menschen **satt machen** kann …
Nahrung *Liebe*	

Ergänze die Tabelle.

Ängstliche werden ermutigt

Schreibe auf das Segel, was es bedeutet, wenn Jesus sagt: „Ich bin bei euch."

Jesus und seine Jünger fahren mit dem Boot auf dem See.
Jesus schläft und ein Sturm kommt auf.
Die hohen Wellen machen den Jüngern Angst.
Sie rufen: „Hilfe! Wir gehen unter!"
Jesus wacht auf und stillt den Sturm.
Er sagt: „Warum habt ihr Angst? Ich bin doch bei euch!"
Alle, die das gesehen haben, wundern sich.

Ordne jedem Bild den passenden Satz zu. Schreibe die passende Zahl in den Kreis.

Gott ist für alle Menschen da

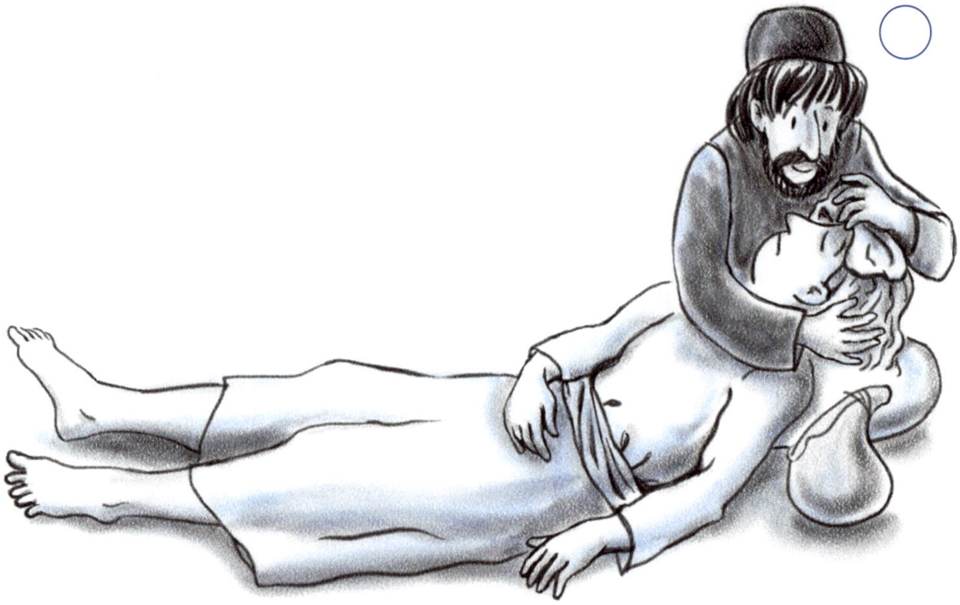

1 Gott ist wie ein Vater zu den Menschen.

2 Liebe Gott und deinen Nächsten wie dich selbst.

3 Gottes Reich beginnt im Kleinen.

Streit um das Sabbat-Gebot

Was sollte heute an einem Sonntag erlaubt sein und was nicht?

Schreibe es in die Tabelle.

Sabbat – so heißt in der Bibel und bei den Juden der Ruhetag.
Auch unser Sonntag kommt daher.
Man soll an einem Tag in der Woche nicht arbeiten müssen, sondern an Gott denken und zusammen feiern können.

Weil die Jünger Ähren am Sabbat ausreißen, gibt es Ärger. Einige Leute sagen: „Man darf nicht am Ruhetag arbeiten." Umrahme, was damit gemeint sein kann.

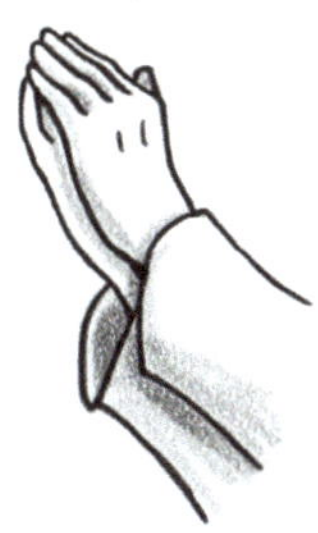

Jesus sagt:

„Der Sabbat ist für den Menschen da, und nicht der Mensch für den Sabbat."

erlaubt	nicht erlaubt

Das Jahr ist ein Kreis

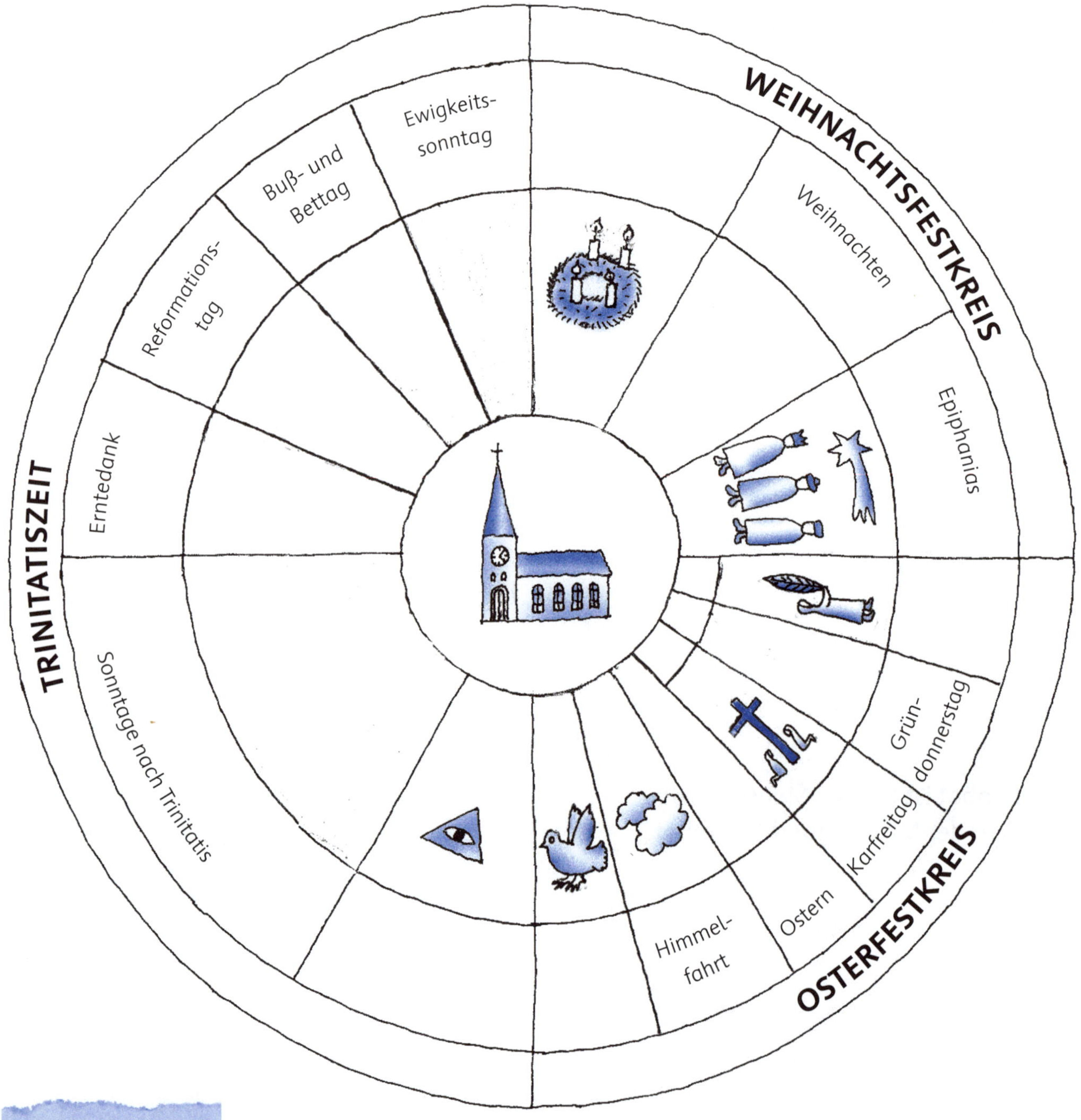

Schneide auf Seite 53 die fehlenden Symbole und Feste aus.

Klebe sie an die richtigen Stellen.

Das Kirchenjahr

Verbinde die Feste mit den richtigen Inhalten.

Mit dem ersten Advent beginnt das Kirchenjahr.
Jedes Fest wird zu einem bestimmten Thema gefeiert.

- Advent
- Weihnachten
- Gründonnerstag
- Karfreitag
- Ostern
- Himmelfahrt
- Pfingsten
- Erntedank
- Reformationstag
- Buß- und Bettag
- Ewigkeitssonntag

- Jesus kommt in die Welt.
- Kirche muss sich erneuern.
- Jesus wird geboren.
- Jesus ist für uns gestorben.
- Danke für die Gaben Gottes
- Jesus ist auferstanden von den Toten.
- Erinnerung an das letzte Abendmahl
- Nachdenken über Tod und Hoffnung
- Nachdenken über Schuld und Gottes Vergebung
- Gott schenkt die Gemeinschaft der Kirche.
- Jesus ist bei Gott.

Was ist das denn für ein Fest?

Text: Michael Landgraf
Melodie: Reinhard Horn

Refrain

An Fastnacht wird die Welt
auf den Kopf gestellt.
Und in der Fastenzeit
denkt man an Jesu Leid.

Am Osterfest , ja dann,
jeder feiern kann,
dass Jesus auferstand,
im Grab ihn keiner fand.

Refrain

Christi Himmelfahrt
war der Abschied hart.
An Pfingsten dann
kam Gottes Geist heran.

Im Herbst geht´s weiter
an Erntedank, ganz heiter.
Wir danken Gott
für das tägliche Brot.

Refrain

Am Tag der Reformation
steht dann auch schon
Allerheiligen hier
vor unserer Tür.

Am Ende denkt man
an Verstorbene dann
sowie die Zeit
und die Ewigkeit.

Refrain

Markiere oder unterstreiche die besonderen Tage.

Überprüfe mit einem Partner/ einer Partnerin deine Ergebnisse.

Welche besonderen Tage im Jahr werden in dem Lied angesprochen?

Passionszeit: Über Jesu Sterben nachdenken

Wir stellen die Ostergeschichte als Oster-Weg oder Osterkrippe dar.
Was geschieht?

	Auf dem Weg zum Osterfest
Einzug in Jerusalem	Jesus kommt mit seinen Jüngern nach Jerusalem. Die Leute empfangen ihn mit Jubel. Sie rufen: „Jesus ist unser König.“
Jesus im Tempel	Jesus geht in den Tempel. Dort vertreibt er die Händler, damit man in Ruhe beten kann. Manchen gefällt das nicht.
Das letzte Abendmahl	Jesus hält mit seinen Jüngern das letzte Abendmahl. Er sagt, Brot und Wein sind Zeichen für die Gemeinschaft mit ihm. Er nimmt Abschied und sagt, dass er verraten werden wird.
Im Garten Getsemane	Jesus und die Jünger übernachten im Garten Getsemane. Jesus bittet seine Jünger, mit ihm zu beten. Aber sie schlafen ein. Er sagt, dass er sich ganz nach dem richtet, was Gott will.
Jesus wird gefangen genommen.	Soldaten kommen in den Garten Getsemane. Der Jünger Judas zeigt den Soldaten mit einem Kuss, wer Jesus ist. So wird Jesus gefangen genommen.
Petrus verleugnet Jesus.	Petrus folgt den Soldaten bis zum Haus des Hohepriesters. Er wird erkannt und sagt: „Ich kenne Jesus nicht.“ Ein Hahn kräht drei Mal. So hat es Jesus vorhergesehen. Petrus schämt sich.
Jesus wird verurteilt.	Der Hohepriester denkt, dass Jesus Gott beleidigt. Von Pontius Pilatus, dem Vertreter des Kaisers, wird Jesus zum Tod verurteilt.
Jesus stirbt am Kreuz.	Jesus wird zum Hügel Golgata gebracht. Dort stirbt er am Kreuz. Er wird in einem Grab beerdigt.
Jesu Auferstehung	Frauen gehen zum Grab. Es ist leer. Zwei Jünger begegnen Jesus beim Dorf Emmaus. Schließlich sehen auch alle anderen Jünger, dass Jesus auferstanden ist.

Osterkrippe

Schneide die Teile der Osterkrippe auf Seite 51 aus und klebe sie an die richtigen Stellen auf dieser Doppelseite.

Himmelfahrt und Pfingsten

Nach Ostern ist Jesus vierzig Tage bei seinen Jüngern.
Er sagt: „Geht nach Jerusalem und wartet auf den Geist Gottes"
Plötzlich ist er nicht mehr da.
Zwei Männer in weißen Kleidern kommen und sagen:
„Jesus ist bei seinem Vater im Himmel."
Die Jünger gehen nach Jerusalem und verstecken sich in einem Haus. Da rauscht es wie bei einem Sturm, über ihren Köpfen sehen sie Flammen.
Sie spüren: Gott ist bei ihnen. Sie gehen aus dem Haus und erzählen von Gott.
Weil in Jerusalem ein Fest ist, sind Menschen aus vielen Ländern in der Stadt. Sie sprechen viele Sprachen. Sie kommen aus Persien, aus der Provinz Asien, aus Ägypten, aus Libyen und sogar aus Rom. Es sind Juden und Fremde.
Aber alle verstehen die Jünger. Die Menschen reagieren unterschiedlich: Manche halten die Jünger für betrunken, andere sind begeistert und lassen sich taufen.

Schreibe in die Sprechblasen, was die Menschen gesagt haben.

Erntedank: Gott Danke sagen

Auf der Welt gibt es viele Sprachen. Finde heraus, was DANKE in anderen Sprachen heißt.

Schon im alten Israel feierten die Menschen ein Erntefest im Herbst, Sukkot, das Laubhüttenfest.

Christen feiern das Erntedankfest Ende September oder Anfang Oktober.

Kirchen und Altäre werden mit den Früchten des Feldes und des Gartens geschmückt.
Im Gottesdienst wird Gott für die gute Ernte gedankt und daran erinnert, dass er die ganze Welt geschaffen hat.
Auch anderswo auf der Welt dankt man Gott dafür.
In Amerika feiern die Menschen „Thanksgiving“ und erinnern sich an die erste Ernte, die Auswanderer in der Neuen Welt eingefahren haben. Die Amerikaner essen mit der Familie und mit Freunden einen Truthahn.

Buß- und Bettag

Der Buß- und Bettag ist ein evangelischer Feiertag, der mitten im November gefeiert wird.
An diesem Tag sollte jeder darüber nachdenken können, was bei ihm oder auf der Welt falsch läuft.

Schreibe auf den Stein, was auf der Welt nicht in Ordnung ist.

Schreibe auf, was du an dir ändern möchtest.

Ewigkeitssonntag: Über Tod und Hoffnung nachdenken

Das Kirchenjahr endet am Sonntag vor dem ersten Advent. Dieser Tag wird Ewigkeitssonntag genannt. Man denkt in der Kirche an Verstorbene und erinnert an die Hoffnung, dass mit dem Tod nicht alles zu Ende ist. Christen glauben an die Auferstehung der Toten.

Male die beiden Felder mit den Farben aus, die für dich „Tod" und „Hoffnung" ausdrücken.

Schreibe um die Felder Wörter oder Gedanken, die für dich zu „Tod" und „Hoffnung" gehören. Du kannst auch etwas dazu malen oder kleben.

TOD

HOFFNUNG

Weihnachten nach Lukas

Schreibe in die Denkblasen, was Maria, Josef und die Hirten denken könnten.

Weihnachten nach Matthäus

Schneide die Textabschnitte der Geschichte auf Seite 53 aus und klebe sie zu den passenden Bildern.

Notiere die wichtigsten Stationen aus dem Leben Martin Luthers. Die Bilder helfen dir dabei.

Martin Luther erneuert die Kirche

Luther
hat Angst vor Gott.

Luther wird Mönch.

Luther schlägt die Thesen an.

Luther
übersetzt
die Bibel.

Reformationstag

Überlege mit anderen, wie man heute den Reformationstag feiern sollte. Ihr könnt euch einen Namen für das Fest ausdenken und überlegen, was alles gemacht werden kann.

Der Reformationstag wird jedes Jahr am 31. Oktober von den evangelischen Christen gefeiert. Manche Menschen – in Irland, England, USA, aber auch bei uns – feiern am selben Tag auch Halloween.
Am Reformationstag erinnert man sich daran, dass Martin Luther 95 Thesen – das sind Streitsätze – an die Schlosskirche in Wittenberg gehängt hat.
Sie sind ein Zeichen dafür, dass man auch seine Meinung sagen darf, wenn etwas falsch läuft – so wie damals in der Kirche.

Planungsliste für ein Reformations-Fest
Name des Festes: *z. B. Refo-Fest*
Ort der Feier:
Teilnehmer:
Einladung:
Wie wird gefeiert (Spiele, Lesungen, Theater …)?:

Schreibe auf oder gestalte deine Wünsche für eine bessere Welt.

Vervollständige die Sätze.

Wünsche für eine bessere Welt

Was alles gehört zu einer besseren Welt?

In einer besseren Welt …

… sollte jeder ______________________________

____

______________________________.

… darf keiner ______________________________

____

______________________________.

… will ich ______________________________

____

______________________________.

Ausschneideseite

zu den Seiten 14/15 *Jakob und Esau*

Isaak und Rebekka bekommen Zwillinge: Esau und Jakob. Esau geht gerne jagen. Jakob hütet die Tiere.

Esau kommt und ist wütend. Jakob muss nach Haran fliehen. Er träumt: Auf einer Treppe zum Himmel steigen Engel hinauf und hinab. Gottes Stimme sagt: „Dieses Land wird dir gehören."

Jakob bringt Isaak den Braten.
Isaak fragt: „Bist du Esau"?
Jakob sagt: „Ja." Und Isaak fühlt die Haare.
Dann bekommt Jakob den Segen.
Jakob ist nun der Erbe.

In Haran lebt Jakobs Onkel Laban.
Er hat zwei Töchter: Lea und Rahel.
Jakob liebt Rahel und soll sieben Jahre für sie arbeiten. Aber Laban gibt ihm zunächst Lea zur Frau. Für Rahel muss Jakob noch einmal sieben Jahre arbeiten.

Ausschneideseite

zu den Seiten 21/23 *Die Geschichte von David*

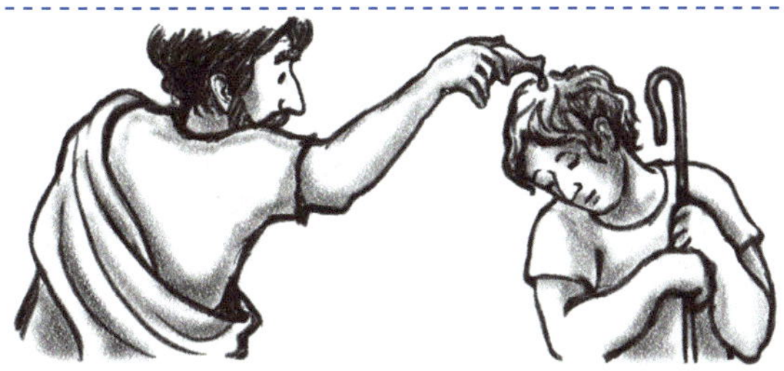

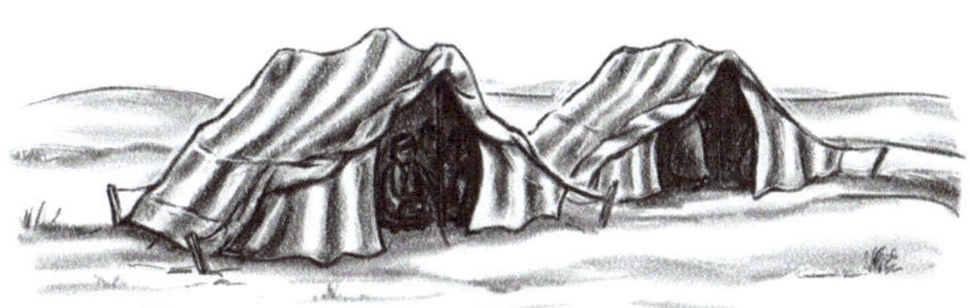

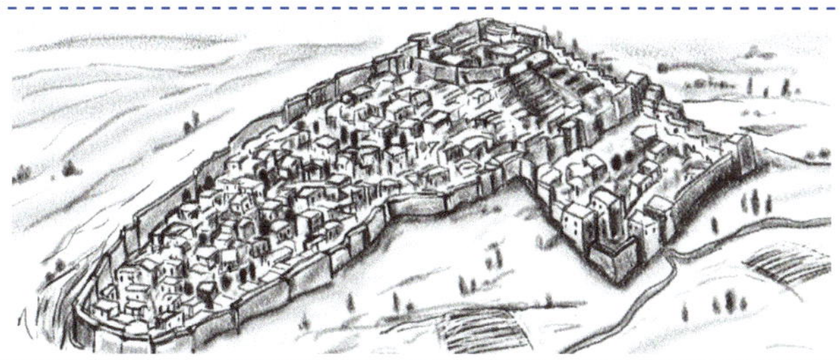

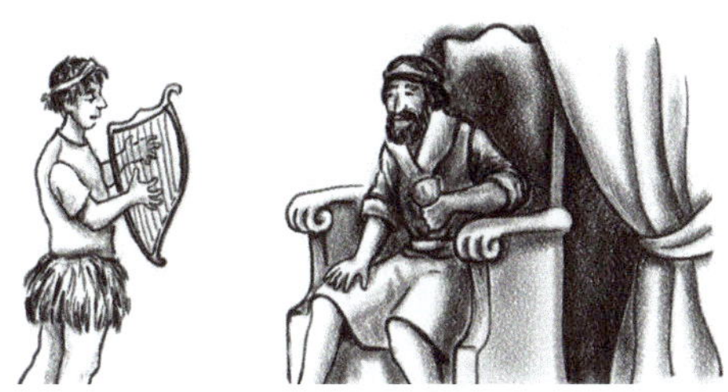

Ausschneideseite

zu den Seiten 36/37 *Osterkrippe*

Ausschneideseite

zu Seite 32 *Das Jahr ist ein Kreis*

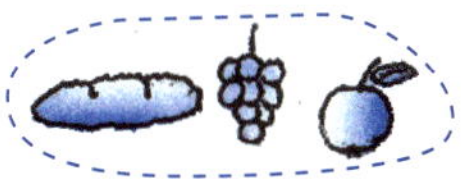

Dreifaltigkeits-
sonntag

Advent

Pfingsten

Palm-
sonntag

zu Seite 43 *Weihnachten nach Matthäus*

Der König ruft die Weisen.
Er sagt: „Sucht das Kind.
Auch ich will ihm
Geschenke bringen."
Doch er will das Kind töten.
Die Weisen ziehen weiter.

Die Weisen finden das Kind
in Bethlehem.
Sie bringen ihm Geschenke:
Gold, Weihrauch und Myrrhe.
Dem König trauen sie nicht.
Sie sagen ihm nichts.

Maria und Josef fliehen mit
dem Kind nach Ägypten.
Als König Herodes tot ist,
ziehen sie nach Nazareth.
Dort wächst Jesus auf.

Weise aus dem Morgenland
sehen einen Stern.
Sie folgen ihm bis nach Israel.
Dort fragen sie König Herodes:
„Ist ein neuer König geboren?"
Der König erschrickt.

Inhaltsverzeichnis

KINDER fragen nach dem LEBEN

Arbeitsheft für das
3. Schuljahr
Religion

Autor:	Michael Landgraf
Redaktion:	Kirsten Pauli
Illustration:	Cornelia Seelmann, Elisabeth Holzhausen (Umschlag)
Umschlaggestaltung und Layout:	Cornelsen Schulverlage Design
Technische Umsetzung:	Jutta Stindtmann, Berlin
Notensatz:	Susanne Höppner, Neukloster

Bilduellen:
S. 9: Marilyn Nieves/iStockphoto.com; S. 10: picture alliance/dpa-Bildarchiv/Oliver Berg (oben); © UNICEF/Asad Zaidi (unten); S. 12: Michael Landgraf, Neustadt; S. 42: Tyler Olson/Shutterstock.com; S. 44: Bettmann/CORBIS (oben); akg-images/Science Photo Library (Mönch); akg-images (Thesen, Bibel); U1: Corel Library (Weihnachtsmann).

Text- und Liedquellen:
S. 3, 7, 34: Text: Michael Landgraf, Musik: Reinhard Horn. © KONTAKTE Musikverlag, 59557 Lippstadt (www.kontakte-musikverlag.de); S. 4, 25: Michael Landgraf: Kinder-Bibel zum Selbergestalten. © Calwer Verlag/Deutsche Bibelgesellschaft, Stuttgart 2007; S. 5: Fynn: Hallo Mister Gott, hier spricht Anna. Fischer Verlag, 1974. Übersetzung: Helga Heller-Neumann.; S. 8: Text: Hans-Jürgen Netz, Musik: Reinhard Horn. © KONTAKTE Musikverlag, 59557 Lippstadt (www.kontakte-musikverlag.de); S. 12: Michael Landgraf: Akwaaba - Ein Nachdenk- und Aktionsbuch über Ghana in Westafrika. Speyer 2009 (Text leicht geändert); S. 13: Text: Eckhart Bücken, Musik: Reinhard Horn. © KONTAKTE Musikverlag, 59557 Lippstadt (www.kontakte-musikverlag.de); S. 19: Die Bibel. Nach einer Übersetzung von Martin Luther. © Deutsche Bibelgesellschaft, Stuttgart 1999.

www.cornelsen.de

1. Auflage, 1. Druck 2013

Alle Drucke dieser Auflage sind inhaltlich unverändert
und können im Unterricht nebeneinander verwendet werden.

Druck: Stürtz GmbH, Würzburg

ISBN 978-3-464-829134

Inhalt gedruckt auf säurefreiem Papier aus nachhaltiger Forstwirtschaft.